AF466287

LETTRE D'UN DIRECTEUR DU PETIT SEMINAIRE DU DIOCESE DE MARSEILLE, SOUS LE TITRE DU SACRÉ COEUR DE JESUS,

Au sujet de la mort de M. DANDRADE, *premier Supérieur & Bienfaiteur de ce Séminaire.*

A MARSEILLE,

De l'Imprimerie d'ANTOINE FAVET, Imprimeur du Roi & de la Ville.

M. DCC. LXII.

AVEC PERMISSION.

LETTRE

D'un Directeur du Petit Séminaire du Diocèse de Marseille, sous le titre du Sacré Cœur de Jesus, *au sujet de la mort de M. DANDRADE, premier Supérieur & Bienfaiteur de ce Séminaire.*

MONSIEUR,

Je ne doutois pas de la sincérité de vos regrets sur la perte que nous avons fait en la personne de M. DANDRADE, notre Supérieur. Nous avons perdu un Pere, vous avez perdu un ami, & vous voudriez voir par écrit ce que vous n'avez pu voir par vous-même. L'intérêt que vous y prenez me console, les desirs que vous me témoignez m'encouragent; je vais tâcher de vous satisfaire par le détail des traits qui nous ont édifié pendant sa derniere maladie.

Vous le ſavez, Monſieur, & vous en avez ſouvent béni le ſeigneur, l'homme de Dieu dont nous pleurons la mort, auroit dû vivre toujours pour le bien de ce Diocèſe qu'il a arroſé de ſes ſueurs, & édifié par ſes vertus. Comme la Divine Providence le deſtinoit à des grandes choſes, il avoit reçu de la nature un temperament robuſte à l'épreuve des plus rudes fatigues; un eſprit juſte qui ſaiſiſſoit d'abord le véritable but, & un ſingulier diſcernement dans le choix des moyens qui y conduiſent; une ſagacité merveilleuſe capable d'embraſſer beaucoup, ſans confuſion d'idées; des vues étendues dans la maniere de concevoir un projet; une ame droite, un cœur bon, des ſentimens généreux, des manieres affables qui l'ont fait eſtimer, reſpecter & aimer de ceux qui l'ont connu. La grace de J. C. a perfectionné ces talens naturels, & le zèle de la gloire de Dieu les a mis en œuvre.

Peu ſenſible à ſon intérêt propre, ſa conduite ne ſe reſſentit jamais des vûes humaines: Plus touché au contraire des intérêts de Dieu, il étoit conſtamment diſpoſé à tout ſacrifier devant les hommes plutôt que de trahir devant Dieu la pureté de ſes intentions. Reſpectueux &

ſincere auprès des Grands, grave & officieux envers le Peuple ; il ſçut, en homme apoſtolique, allier partout la ſimplicité de la Colombe, avec la ſageſſe du Serpent. Libre d'eſprit au milieu des occupations les plus compliquées, il ſe poſſédoit, & n'oublioit rien ; toutes choſes lui étoient préſentes comme s'il eût été en même tems préſent à tout. Les ſollicitudes d'une Maiſon naiſſante n'étoient pas pour lui des embarras : éclairé dans la ſcience du gouvernement, il prévoyoit, il ordonnoit, il agiſſoit avec l'application d'un homme qui n'a qu'une affaire, & alors même il étoit en état d'en regler pluſieurs. Sa prudence n'étoit pas commune : elle trouvoit des moyens là où chacun ne voyoit que des difficultés, & dans le labyrinthe des affaires il avoit toujours à vous préſenter un fil ſecourable pour en ſortir. Noſſeigneurs les Evêques l'ont employé ſouvent dans des conjonctures épineuſes, & toujours le ſuccès de ſon travail a montré la profondeur de ſa ſageſſe.

Ouvrier Evangélique avant même qu'il fût Prêtre, le Sacerdoce trouva en lui un zèle déjà laborieux, & le rendit infatigable. On ne conçoit pas comment il a pu ſuffire à tout ce que ce zèle lui a fait entreprendre durant plus de trente ans. Ennemi du repos, le travail faisoit ses delices : on eût dit même qu'il faisoit son délassement. Nous l'avons vu dans les Missions à la Ville, & à la Campagne, se livrer presque sans ménagement, aux fonctions du ministère apostolique ; se reserver ce qu'elles ont de plus pénible, & repandre partout la bonne odeur de J. C. Nous l'avons vu dans l'exercice de sa charité, se faire tout à tous, & gagner ainsi à Dieu un grand nombre de pécheurs, prendre en main la cause de la Veuve & de l'Orphélin, & offrir des consolations à une infinité de malheureux.

Digne Prêtre lui-même, il mérita d'être choisi de Dieu pour en former d'autres. Il concourut avec feu M. Truillard, pour jetter les fondemens de cette œuvre, & il s'est dévoué jusqu'à la mort à établir une Maison qui pût fournir tout à la fois une ressource aux besoins du Diocèse, un azyle à l'innocence de la Jeunesse, & un champ ouvert aux fonctions extérieures du Saint Ministère. Tout ce que cet établissement lui a coûté de soins, de sollicitude, de croix & de travaux, pourroit faire, M., la matiere d'une histoire, & vous n'exigez de moi qu'une lettre sur les dernieres actions de sa vie. D'ailleurs vous l'avez connu d'aſſez près pour juger que ſa ſanté n'a été alterée que par ſes travaux continuels : une vie ſi laborieuſe ne pouvoit être longue. Il a enfin ſuccombé, & le Ciel nous l'a enlevé à un âge où il auroit pu conſacrer encore à la vigne du Seigneur des jours qu'il ne crut jamais être pour lui ſeul.

Vers le Carême de l'année derniere, il ſentit les premieres atteintes de la maladie dont il eſt mort. L'affoibliſſement où il ſe trouvoit lui fit adoucir un peu l'auſtérité rigoureuſe de ſon jeûne, ſans toucher néanmoins à la multiplicité de ſes occupations. Comme ſon épuiſement devenoit toujours plus ſenſible, on l'obligea d'aller reſpirer quelque tems l'air de la Campagne. Ce ſéjour utile par lui-même à une ſanté qui a beſoin de repos, ne le fut pas à la ſienne. Son zèle ſupérieur à ſes forces, y vit une Egliſe qui manquoit de Paſteur. Bientôt il eut des confeſſions à entendre, la parole de Dieu à annoncer, des malades à viſiter. Il fallut l'attirer de nouveau au Séminaire; & ce fut ici pour nous un travail journalier que de le ſolliciter à ſe ménager dans ſes travaux.

Les progrés de ſa maladie, quoique lents étoient réels : cependant il aſſiſta à la retraite des Eccléſiaſtiques au mois de Septembre, & à celle des Prêtres de la Maiſon en Octobre. Son mal ſe décida & devint très-ſérieux en Novembre. Monſeigneur l'Evêque, informé de ſa ſituation, joignit ſon autorité à l'amitié dont il l'honoroit, pour mettre des bornes à ſon travail. Cette précaution étoit ſage; mais la maladie de M. DANDRADE étoit mortelle. Elle fut à ſon tour ſupérieure aux efforts de ſon zèle. On reconnut bientôt qu'il avoit la fievre: il parut des enflures à ſes jambes; & le ſquirre qui ſe formoit dans la région du foye, s'annonça par des douleurs vives qui furent enſuite continuelles. Il fut contraint de renoncer à tout ce qui pouvoit ſatisfaire ſon amour pour le travail. Le jour de la Touſſains, n'ayant pu, malgré ſa foibleſſe, ſe refuſer aux fonctions de ſon miniſtère preſque tout le matin, il ſe renferma dans la maiſon, & commença le long & pénible uſage des remedes qui ont exercé ſa patience, ſans lui redonner la ſanté.

Depuis ce tems-là, Mgr. l'Evêque nous ayant permis de dreſſer un Autel dans un apartement voiſin de ſa chambre, M. DANDRADE y célébroit ſouvent la Ste. Meſſe. Il conſultoit moins ſa ſanté que ſa dévotion, & quand ses forces ne lui permettoient pas de la dire lui-même, il l'y entendoit, & y communioit. Il la célébra pour la derniere fois le jour des Rois. Il y assista encore & y communia le jour de S. Joseph. Quoique son zèle ne fût plus en état d'agir au déhors, il n'étoit pas oisif au dedans : ce qu'il ne pouvoit faire par lui-même, il le faisoit par le secours d'autrui ; & la Maison se gouvernoit toujours par la sagesse de ses ordres, & les attentions de sa vigilance.

Dans cet intervalle, Monseigneur l'Evêque ayant bien voulu appuyer nos vœux aux pieds du Trône, le Roi daigna assurer à notre Maison un état fixe & permanent, par ses Lettres-Patentes du Mois de Décembre : cette faveur qui fut l'effet de la bienveillance de Sa Majesté, & de la protection de sa grandeur, étoit en même tems la recompense des travaux de M. DANDRADE. A cette nouvelle il rendit au Ciel des actions de graces que nous partageames avec lui ; mais la joye étoit temperée en nous par des justes allarmes que nous n'osions lui manifester. Nous le considerions comme un autre Moïse qui ne devoit pas jouir des avantages qu'il venoit de nous procurer. Il avoit dévoré les amertumes inséparables d'une Maiſon naiſſante, & il alloit être privé de la conſolation de la voir croître en paix, ſous ſes yeux & par ſes ſoins.

Monſeigneur l'Evêque qui l'a toujours honoré de ſon eſtime, le conſoloit de tems en tems par ſes viſites. Une fois entre autres, (c'étoit le ſecond Dimanche après Pâques, jour auquel on célébre dans l'Egliſe de notre Séminaire, la Fête de Notre Seigneur, ſous la qualité de *Bon Paſteur*) Monſeigneur entra dans ſa Chambre, & M. DANDRADE béniſſoit le Seigneur avec reconnoiſſance de ce qu'il daignoit le viſiter en la perſonne de ſon Paſteur: le Prélat lui répondit avec bonté; » c'eſt vous qui avez été juſqu'ici » le bon Paſteur de mon Diocèſe. »

Il y avoit près d'un an que la ſanté de M. DANDRADE traînoit en langueur: on jugea qu'elle étoit déſeſpérée. Alité depuis quelques jours, ſon affoibliſſement augmentoit de plus en plus; on ne pouvoit arrêter la fievre lente qui conſumoit le peu de baume qui reſtoit dans ſon ſang, & il paſſoit les jours & les nuits au milieu des douleurs les plus aigues. Quoiqu'on lui fit eſperer du ſoulagement par les ſecours que la Medecine employoit, il ne pouvoit ſe diſſimuler l'opiniâtreté de ſes maux, & il avoit lieu d'en craindre les ſuites ; auſſi ſe hâta-t-il de recevoir le Saint Viatique. Il avoit déja fixé pour cela le Jeudi de la Semaine de la paſſion, jour auquel nous faiſons dans notre Egliſe la Fête du précieux ſang de Notre Seigneur. La nuit qui précéda le jour marqué, fut pour lui ſi douloureuſe, qu'étant interrogé le matin comment il l'avoit paſſée, il repondit : » que tout ce qu'il » en pouvoit dire, c'eſt que quand Dieu » fait ſouffrir, il le fait bien. »

Ce fut donc le premier d'Avril, à l'iſſuë de la Meſſe ſolemnelle, que M. DANDRADE nous donna le ſpectacle édifiant de ſa Religion & de ſa Piété. Le plus ancien des Prêtres de la Maiſon portoit le Saint Viatique, accompagné des autres Prêtres & des Eccléſiaſtiques du Séminaire. Nous étions encore au pied de l'Autel, & déja nous ne pouvions retenir nos larmes : elles nous laiſſerent à peine la liberté de reciter le Pſeaume *Miſerere*. Arrivé auprès de notre cher malade, cette cérémonie déja bien frapante par l'appareil qui l'environnoit, devenoit de plus en plus fort ſenſible par les ſentimens que nous inſpiroit celui que le Seigneur venoit viſiter.

Au milieu des gémiſſemens & des prieres, M. DANDRADE ſe fit admirer par ſa grandeur d'ame : lui qui ne chantoit preſque pas un Office ſolemnel, ſans verſer des pleurs d'une tendre dévotion, & qui ne pouvoit les contenir, lorſqu'un Orateur Chrétien parloit au Cœur ; lui ſeul, les yeux ſecs, étoit le témoin de notre ſenſibilité & de nos larmes. Il s'efforçoit au contraire de les eſſuyer, en nous diſant d'une voix ferme : » Prenez » courage, raſſurez-vous ; Dieu ſait » pourquoi je ſuis en cet état : adorons » ſes deſſeins, & ſoumettons-nous. » Ces paroles prononcées avec bonté auroient calmé notre douleur, s'il n'en avoit été lui-même le ſujet.

Il fit enſuite ſa profeſſion de foi telle que la déſigne le Rituel, & la termina en déclarant ſon entiere ſoumiſſion à toutes les déciſions de l'Egliſe.

Nous étions pénétrés de ſa foi & de ſa piété, lorſqu'après avoir récité le *Confiteor*, il demanda pardon à toute l'aſſemblée, & juſqu'au moindre de tous, pour les pretendues fautes dont il ſe diſoit coupable à notre égard. Les ſentimens d'humilité & de componction qu'il exprimoit, nous attendriſſoient de nouveau, & juſtifioient notre douleur. Ayant reçu le Corps de notre Seigneur, il ſe livra à ſa tendreſſe paternelle envers nous tous qui sommes ses enfans. Cependant il ne perdit rien de la paix de son ame, & il crut devoir faire à Dieu le sacrifice de la consolation qu'il auroit eu de mêler ses larmes avec les nôtres. Paroissant ainsi oublier notre affliction, pour ne faire attention qu'à nos besoins, il adressa la parole aux Directeurs du Séminaire, & leur recommanda la Maison qu'il laissoit à leurs soins. Il parla assez long-tems sur le zèle, le désintéressement & la charité qui doivent en être les fondemens inébranlables. Il poursuivit en exhortant les jeunes Ecclésiastiques à conserver l'esprit de régularité & de ferveur, & il le fit avec la force & l'onction qui ont donné à ce Diocèse tant de dignes Ministres. Il finit en se recommandant lui-même aux prieres des assistans, pour le peu de tems qu'il lui restoit à vivre, & principalement après sa mort. Sa voix s'affoiblissoit; on le laissa les mains jointes, la tête découverte, le visage serein & tranquille; & nous retournâmes porter au Temple du Seigneur, nos regrets, nos vœux & nos prieres.

Deux jours après, les douleurs vives qui l'accabloient auparavant, s'appaiserent un peu; mais son lit fut jusqu'à sa mort un lit de souffrances. Ses forces diminuoient tous les jours, & on ne ſauroit exprimer ce qu'il eut à ſouffrir d'une tumeur ſquirreuſe qui lui étoit ſurvenue, de la roideur de ſes membres, & de la ſituation fixe de ſon Corps, qui lui cauſoit des fâcheuſes playes. Tout dépériſſoit en lui, & dans ce dépériſſement total de la machine il a conſervé juſqu'à ſa derniere heure, la liberté d'eſprit, l'étendue de lumieres, & les vues d'ordre & de gouvernement qui faiſoient ſon principal caractere. Il a vecu un mois en cet état, pendant lequel il a reçu la Communion Paſcale, & une autre fois le S. Viatique.

Quelques jours avant de mourir, un redoublement de fievre qui ſe manifeſta par un friſſon violent, & une ſueur froide, nous fit craindre pour ſa vie. Dès qu'il connut ſon état, il demanda le Sacrement des mourans, & le reçut avec la tranquillité d'eſprit d'un homme qui ne craint point la mort, & la dévotion d'un ſerviteur de Dieu qui s'y diſpoſe. La veille de ſa mort, ſon extrême foibleſſe lui fit ſentir que ſa fin approchoit : ayant appellé dès le matin un Directeur du Séminaire, il lui déclara ſes intentions touchant ſon enterrement, déſirant qu'on le fit avec la ſimplicité décente qu'on a toujours obſervé à l'égard des Prêtres morts dans la Maison. Il ajouta qu'il prioit les Directeurs de s'assembler à une heure convenable pour lui faire les prieres de l'agonie. Plusieurs fois il nous avoit averti de ne pas attendre qu'il eût perdu la connoissance, afin de pouvoir s'unir aux prieres qui devoient être sa derniere consolation.

Semblable à un Pere de Famille qui va faire un voyage intéressant pour ses enfants, & agréable pour lui; il donnoit ses ordres avec un détail reflèchi, & une présence d'esprit remarquable. Rien n'échapoit aux attentions de sa piété, & il fit donner son nom par écrit afin de le porter aux Eglises où l'on a coutume de faire à S. Joseph des prieres pour les Agonisans. Nous n'envisagions pas tout-à-fait du même œil, Monsieur, cette affligeante journée, & nous parûmes devant lui dans la derniere consternation. A peine étions-nous à genoux à ses pieds, que son lit fut de nouveau arrosé par l'abondance de nos larmes. Affligés jusqu'à l'excès, nous crûmes trouver une ressource & une consolation dans les dispositions de sa tendre charité. Comme nous savions qu'il nous portoit tous dans son cœur, nous le conjurames de repandre sur nous les benedictions de son ame. Il fut touché de nos vœux, & nous tint ce discours : » Ce n'est point la bénédiction d'un » pécheur que je veux vous donner ; c'est » celle du Seigneur que je vous souhaite, » & qui sera plus éfficace que la mienne. » Je le supplie de vous bénir non pas seu- » lement d'une bénédiction temporelle » qui vous communique la graisse de la » terre, mais de celle qui fait descendre » la rosée du Ciel ; bénédiction toute » spirituelle qui est l'éffusion de l'esprit » de Dieu, afin que vous soyez des Prê- » tres selon son cœur. Conservez parmi » vous l'union de la charité. Que le dé- » mon de l'envie, & de la jalousie, ne » vienne jamais troubler la paix qui doit » vous lier pour le bien de l'œuvre de » Dieu qui vous est confiée. Travaillez, » comme vous avez toujours fait, avec un » vrai désintereſſement : Donnez gra- » tuitement ce que vous avez reçu gra- » tuitement : n'oubliez pas les besoins » des pécheurs, & faites fructifier en » vous l'esprit de zèle pour leur salut : » ne perdez jamais de vue les soins im- » portans que vous donnez aux jeunes » gens pour fournir aux uns les secours » de la piété, & inspirer aux autres les » dispositions à notre Saint état. Je vous » la recommande cette portion du trou-

peau

» peau qui nous a toujours été si chere.
» Me voici enfin sur le point de me sé-
» parer de vous : je vous conjure de prier
» pour ce misérable pécheur qui vous a
» scandalisé toute sa vie, & qui le fera
» peut-être encore jusqu'à sa mort, »

On l'aida ensuite à élever sa main, & il fit sur nous le signe de la Croix en disant : *Benedictio Dei omnipotentis, Patris & Filii, & Spiritûs Sancti, descendat super vos, & maneat semper.* (a)

Il prit alors le Crucifix, & se joignit à nous dans les prieres de l'agonie. Après les avoir achevées, il nous témoigna sa réconnoissance, & nous pria instamment de ne plus lui parler d'aucune affaire, à moins d'un besoin extraordinaire. » Le
» tems est venu, nous dit-il, où je ne
» dois plus avoir de Commerce avec les
» créatures, mais seulement avec Dieu,
» pour me disposer à l'éternité. » Dès-lors il s'apliqua uniquement à considérer JESUS crucifié dont il tenoit l'image devant ses yeux. On voulut lui présenter

(a) *Que la benédiction du Dieu tout-puissant, le Pere, le Fils & le Saint Esprit, descende sur vous, & ne s'en éloigne jamais.* Ce sont ces paroles que l'Eglise met dans la bouche de ses Ministres, lorsqu'ils bénissent le peuple au nom du Seigneur dans les fonctions de leur Ministere.

un motif de confiance dans les bonnes œuvres qu'il avoit fait pendant sa vie, & il ne répondit que par ces paroles: *Mihi autem absit gloriari, nisi in Cruce Domini nostri JESU-CHRISTI.* (b) Donnant ensuite un libre cours à ses sentimens envers Dieu, il trouvoit dans les paroles de l'Ecriture Sainte qui lui avoit toujours été familière, le sujet d'un doux entretien avec son divin Maître.

Les Pseaumes, les Epitres de Saint Paul, lui fournissoient divers actes de foi, d'espérance, de désir, &c. Tantôt il excitoit sa foi par la certitude des biens à venir, & disoit: *Credo videre bona Domini in terrâ viventium.* (c) Tantôt il ranimoit son espérance, & à la vue des miséricordes divines, il s'écrioit: *In te Domine speravi: non confundar in æternum.* (d) son esprit & son cœur ainsi disposés, le faisoient soupirer après l'union intime & parfaite avec JESUS-CHRIST. *Cupio dissolvi*, disoit il, *& esse cum Christo.*

(b) *Dieu me garde de me glorifier d'autre chochose que de la Croix de N. S. Jésus-Christ.* Galat. 6. 14.

(c) *Je crois* fermement *voir* un jour *les biens du Seigneur dans la terre des vivans.* Ps. 26. 13.

(d) *J'ai mis en vous*, Seigneur, *mon espérance; elle ne sera jamais confondue* Ps. 30. 1.

(e) Comme il n'avoit jamais refusé de sentir les épines qui ont été l'apanage du cœur de JESUS, il lui disoit avec une tendre confiance : *Cor JESU, salus in te sperantium, spes in te morientium, deliciæ Sanctorum omnium.* (f)

Il avoit cru jusqu'alors n'avoir plus que quelques instans à vivre, & paroissant surpris des forces qui lui restoient, il nous témoigna la sainte impatience qui lui faisoit désirer de voir son ame délivrée de sa prison. On lui présenta une potion pour le fortifier. Il demanda si ce secours étoit nécessaire, & le prit, se faisant un devoir d'obéir jusqu'à la mort. *Obediens* dit-il, *usque ad mortem.* (g)

La nuit approchoit : il la passa dans

(e) *Je soupire après la destruction de mon Corps pour être avec* JESUS-CHRIST. Tel étoit le sentiment de Saint Paul, lorsque sentant d'un côté les besoins des Fideles qui demandoient sa présence, il se livroit de l'autre à l'ardeur de sa charité qui lui faisoit désirer de ne plus vivre, & d'être avec JESUS-CHRIST. *Ep. aux* Phil. 1. 23.

(f) *O cœur de* JESUS ! *vous êtes le salut de ceux qui esperent en vous, l'espérance de ceux qui meurent en vous, les délices de tous les Saints....,* Litanies à l'honneur du Sacré cœur de Jesus.

(g) Je veux être *obeissant jusqu'à la mort.* aux Philip. 2. 8.

les douleurs, & sa patience étoit inaltérable : le Directeur qui l'assistoit, lui ayant demandé s'il souffroit beaucoup, il répondit : » Que la plus pénible de ses » souffrances étoit de nous voir souffrir à » son occasion. » L'état accablant de son Corps excitoit quelquefois, malgré lui, les soupirs & les cris de la nature. Quelque foible que fût cette consolation, il se la reprochoit ; atribuant à ses défauts ce qui n'étoit que l'effet de son mal. Il étoit prêt à se la refuser entierement, si elle fût devenue incommode à ceux qui le servoient.

Le lendemain qui fut pour nous un jour de tristesse, & pour lui le commencement de son bonheur, il se trouva plus abattu que jamais. Il comprit lui-même que ce jour seroit enfin le dernier de sa vie, & nous pria instamment de célébrer la Sainte Messe dans la Chapelle contigue à sa chambre. Il avoit jusqu'alors consacré à la gloire de Dieu ses talens, ses forces & son repos : il voulut, avant de mourir, faire à J. C. le sacrifice de sa vie, au moment que J. C. s'immoleroit pour lui à l'Autel.

Son abattement fit de rapides progrès dans le cours de la Matinée. On se mit de nouveau en prieres ; il baissoit à vue d'œil, & à chaque inſtant nous craignions de le perdre. Notre affliction étoit extrême ; mais ſa patience étoit admirable, & ſa réſignation parfaite. Il n'avoit plus qu'une heure de vie, & il conſervoit la liberté de répéter les pieuſes aſpirations qu'on lui ſuggéroit pour ſoulager ſon attention. Ayant perdu la parole, on comprenoit par la direction de ſes regards vers le Crucifix, & par le mouvement de ſes levres, qu'il rempliſſoit ſoigneuſement les intervales de ſilence. Après une courte agonie, il expira doucement entre nos bras, le Mercredi 5e. de Mai à 4 heures après midi, agé de 58 ans, 3 mois & 20 jours.

On vit alors avec une ſorte de conſolation qu'on ne reſſent gueres qu'à la mort des ſaints; que ſi elle eſt précieuſe devant le Seigneur, elle l'eſt auſſi devant les hommes. Le reſpect & la vénération l'emporterent ſur les regrets & la triſteſſe. Son lit fut d'abord entouré de perſonnes qui prioient pour lui, & qui auroient voulu le prier lui-même. La cloche qui annonça ſa mort, porta la conſternation & le deuil dans les familles dont il avoit été le conſeil & le Pere, & de toute part on voyoit des gens éplorés venir lui rendre leurs derniers devoirs.

Le jour des Obſeques fut pour la piété Chrétienne un jour de triomphe. Elles ſe firent avec cette célébrité qui eſt l'effet ordinaire de la vénération publique, qui va juſqu'à la dévotion envers les perſonnes mortes en odeur de Sainteté. Le Clergé Séculier & Régulier s'empreſſa de venir célébrer, auprès de ſon cercueil, le Sacrifice de la Meſſe, & pluſieurs Prêtres qui avoient été autrefois ſous ſa conduite, exprimoient à l'Autel les ſentimens de piété qu'ils devoient aux ſoins de ſon zèle. L'affluence extraordinaire du Peuple, les prieres multipliées, les tendres gémiſſemens, & la modeſtie reſpectueuſe, furent l'ornement pompeux & édifiant de la Meſſe ſolemnelle qu'on célébra pour lui le Jeudi matin.

Il y eut dans notre Egliſe, le reſte du jour, un grand concours de monde. On ne ſe laſſoit pas de voir celui qu'on ne s'étoit jamais laſſé d'entendre. Il avoit parlé dans preſque toutes les Chaires de ce Diocèſe, & juſques dans les Places publiques de cette Ville, & l'on verſoit des larmes de tendreſſe, où Mr. DANDRADE avoit ſi ſouvent excité les larmes de la Pénitence. La joye & la douleur qui paroiſſoient ſucceſſivement ſur le viſage des

Assistans, faisoient également son éloge. Il n'avoit rien de rebutant pour les personnes les plus susceptibles de l'horreur naturelle qu'inspire la vue d'un cadavre. On venoit baiser, par respect, ses mains & ses pieds; & il fallut mettre des bornes à l'empressement de ceux qui vouloient emporter les vénérables dépouilles de celui qui s'étoit souvent dépouillé lui-même en faveur des pauvres. C'étoit à l'envi qu'on exaltoit l'étendue de sa charité qui tenoit du prodige; qu'on louoit les pieux établissemens qu'il a formé, & qu'on rappelloit les services innombrables qu'il a rendus à tous les états.

Il fut inhumé à la Chapelle souterraine de notre Eglise, dans un lieu distingué où reposent les cendres de Monsieur TRUILLARD.

Voilà, Monsieur, une longue Lettre; Il n'étoit pas aisé de la faire plus courte, ayant à vous dire tant de choses. Je devois ce détail à l'estime que vous avez toujours eue pour M. DANDRADE. Je le devois à ma reconnoissance envers lui. Je le devois aussi à l'amitié dont vous m'honorez, & que je tâcherai toujours de mériter par le respectueux dévouement avec lequel j'ai l'honneur d'être,

MONSIEUR,

Votre très-humble &
très-obéissant Serviteur,

A Marseille le 18 Mai 1762.

Approbation de Monseigneur l'Evêque de Marseille.

Vû & permis d'imprimer, à Marseille le 18 Juin 1762.

† J. Bapt. Ev. de Marseille.

www.ingramcontent.com/pod-product-compliance
Ingram Content Group UK Ltd.
Pitfield, Milton Keynes, MK11 3LW, UK
UKHW020441220726
13923UKWH00005B/2256